Com a palavra

A ILUSTRADORA

Ale Kalko

CB019218

Projeto editorial Mandacaru Design
Concepção e edição André Valente e Bebel Abreu
Textos e ilustrações deste volume Ale Kalko
Projeto gráfico e capa Manaira Abreu
Diagramação Fernanda Cruz
Luva e lettering do título Gustavo Borges
Revisão de texto Camilla Costa
Texto de apresentação Alceu Chiesorin Nunes
Produção Letícia Marques

Dados Internacionais de Catalogação na Publicação (CIP)
(Câmara Brasileira do Livro, SP, Brasil)

Com a palavra, os ilustradores / histórias escritas e ilustradas por Roberto Negreiros, Ale Kalko e Orlando Pedroso ; [editores Bebel Abreu e André Valente]. -- 1. ed. -- São Paulo : Mandacaru, 2014. -- (Coleção Com a palavra, os ilustradores)

Obra em 3 v.
ISBN 978-85-68477-00-7 (coleção)

1. Crônicas brasileiras 2. Ilustradores

I. Negreiros, Roberto. II. Kalko, Ale. III. Pedroso, Orlando.
IV. Abreu, Bebel. V. Valente, André. VI. Série.
14-09843 CDD-869.93

Índices para catálogo sistemático:
1. Crônicas : Literatura brasileira 869.93

Leia também os volumes com histórias de Roberto Negreiros e Orlando Pedroso.

Mandacaru Design
Rua Lisboa, 488 /conj. 112 - Pinheiros
05413-000 São Paulo - SP
contato@mandacarudesign.com.br
www.mandacarudesign.com.br

Distribuição
Zarabatana Books
falecom@zarabatana.com.br
www.zarabatana.com.br

Projeto realizado com o apoio do ProAC

Copyright © 2014 Mandacaru

São Paulo, 2014

Com a palavra
A ILUSTRADORA

Ale Kalko

mandacaru

sumário

Trabalho geralmente é assim: as pessoas de texto falam pelos cotovelos e brigam com quem diagrama. Quem administra não pode se calar e levanta a voz até contra quem está ao telefone. Quem toma decisões discute com todos. A pessoa em silêncio geralmente é o ilustrador.

Nem todo ilustrador é tímido e introspectivo, mas todos têm dentro de si uma câmera registrando o que acontece ao seu redor. Quando o drama e a comédia de estar vivo se revelam, a pessoa que silenciosamente registra cada nuance e movimento geralmente é o ilustrador.

Isso até o momento em que você tem o prazer e a sorte de encontrar um ilustrador de folga, geralmente num bar. Dê um pouco de corda e ele deixa de ser uma câmera pra se tornar um projetor. Revelam-se histórias do ponto de vista de quem vive de medir de cima a baixo o ser humano — e nesse momento, ai de quem quiser fazê-lo se calar.

Estava mais que na hora de dar a palavra a quem, geralmente, está quieto demais criando imagens. Esperamos que você se divirta tanto quanto nós, que já tivemos o prazer e a sorte de acompanhar estes ilustradores em alguns de seus raros dias de folga.

Bebel Abreu e André Valente
Editores

PRECISO PARAR
DE ACHAR QUE TODA
COISA/PESSOA CARECA
É VOCÊ

Essa doce, essa pequena obsessão ou o fantasma da relação passada

Fim.

Tem dois meses que a gente não se vê.
Mas eu continuo te vendo por todos
os cantos e lugares.

Nunca percebi que você era um tipo
tão comum até o dia em que
nos mandamos embora
um da vida do outro.

Vejo um você de costas na banca
de jornal e me desconserto.
Esqueço o que vim comprar
e te sigo até cruzar um você acompanhado
dessa moça envesgadinha

pendurada no seu pescoço.
De você em você atravesso toda a avenida.

Sobrevivi.

Esses dias no metrô
cruzei com você de verdade.

Confesso:
nem reconheci.

PRECISO PARAR
DE ACHAR
QUE TODA PESSOA
DE BARBA É VOCÊ

Minha Vó (e a TV) #1

Minha Vó veio da Ucrânia para o Brasil
lá pelos anos 1950.
Não sabia ler, nunca teve
oportunidade de estudo.

Pra ela, essa tecnologia chamada televisão era algo
que ia além dos limites de sua compreensão.
Aliás, sua compreensão da televisão é que
rompia os limites da tecnologia vigente.

O aparelho ficava sobre a cômoda, na frente da cama.
Com o quarto todo para si, minha vó se apertava entre
a porta e o armário para trocar de roupa.

Morria de medo que o Cid Moreira
lhe flagrasse pelada durante o Jornal Nacional.

JN
BOA NOITE

Minha Vó (e as batatas) #2

As batatas brotavam na bacia,
evidência de que não prestavam mais para a panela.

Lá vai a Vó plantar.
Nessa casa — onde já se passou a fome
da guerra e da travessia do mar na imigração —
jogar comida fora
é jogar um ente querido do navio.

Tubérculos, pá, balde, cachorro ao lado.

Uma hora cavando os buracos,
e os olhinhos atentos do cachorro no vai e vem da pá.

Mais outra hora acertando o lado certo das batatas,
e os olhinhos atentos do cachorro
no vai e vem dos tubérculos.

Hora final, horta assentada, hora do banho.

Terra lavada, dever cumprido.

6 da tarde, hora de bater lá na casa
da vizinha pro chimarrão diário.

Abre a porta.

Silêncio.

Uma dúzia de batatas esparramadas na soleira.

Um cachorro de focinho terroso e orgulhoso
aguardando o elogio:

"Achei todas as que você escondeu,
sou muito bom nisso."

Minha Vó (e o galo do vizinho) #3

O vizinho dos fundos tem um galo de estimação.

Do alto do muro que separa os terrenos,
o galo reina cacarejando e provocando o cachorro
que desanda a latir desassossegando o cochilo da Vó.

Um dia o galo caiu
pra alegria do cachorro
e pro desespero da Vó.

No quintal, um looping infinito de desenho animado.

É galo correndo,
é cachorro latindo,
é pena voando,
e Vó atrás tentando apartar.

Concluindo que a intervenção não seria possível,
a Vó toma a atitude mais louvável:
acabar com as provas
do crime iminente.

É galo correndo,
é cachorro latindo,
e Vó catando as penas
que ficaram pra trás.

O galo,
aparentemente abatido,
perdeu a graça pro cachorro.

A Vó
despacha o bicho pro
outro lado do muro.

O galo nunca mais cantou.
O cachorro achou outra coisa
pela qual latir.

PÓóóóóóóóó.

BUm!

Minha Vó (e o noticiário comentado) #4

— *(...) sofreu traumatismo craniano.*

— Mais um ucraniano morreu, ninguém
ligou pra avisar, será que a gente conhece?

— *Estourou revolução no Azerbaijão, morreram (...)*

— Não sei se na Rio, se na São Paulo.
Estourou bujão. Morreu quantos?

A PARTIR DE HOJE EU DECIDO ...

Conversa de bar #1

— Vou ali no banheiro, olha minha cerveja?

(15 minutos depois)

— Tá tudo bem? Você demorou...

— Tá... Na verdade me distraí com meu pau.

— ?!

— Fiquei ali olhando... Meu pau envelheceu muito mais rápido do que eu. Não sei como isso aconteceu. E não tem mais nada que eu possa fazer a respeito, a não ser assumir que ele é um ancião.

— Talvez, por respeito aos mais velhos, você devesse deixar que ele tome todas as suas decisões.

Conversa de bar #2

— Trabalho com cinema, sabe? Sou diretor,
fiz vários filmes... Esse mundo do cinema me atrai,
acho fascinante. Contar a história do meu ponto de vista,
ter o personagem pra contruir com minha voz...
O que vocês duas fazem?

— Eu faço trocadilho ruim.

— E eu acho graça.

bláblábla
bláblábla
bláblábla
Zzzzzzzzzz

Conversa de bar #3

— Você é tão séria, devia sorrir mais pra vida, sabe?

— Meu Pedro de Lara e minha Aracy de Almeida
interiores não permitem. Não tem espaço
pra nenhuma gracinha da minha Hebe, *sorry*.

COM SORRISO
É DEZ PAUS!

DESVIRA A CHAVE?

O dia em que eu achei que ia morrer #1

Quarta-feira de artes no pré-primário.
Na mesinha divida por quatro crianças de quatro anos,
quatro revistas, quatro tesourinhas, quatro pincéis
e o grande vidro de cola
meio-amarela-meio-seca-meio-transparente.
Entretida com minha obra-prima,
não percebi as intenções do colega ao lado.
Quando ele me chamou,
levantei a cabeça.

E o pincel que ele apontava pra mim
acertou minha boca.

Era um pincel coberto com
a cola meio-amarela-meio-seca-meio-transparente.

"VOCÊ COMEU COLA!
VOCÊ VAI MORRER!",
foram suas palavras.

Seriam as últimas que eu ouviria?

Voltei pra casa resignada, esperando meu destino.

Será que eu dormiria
e acordaria morta?

Se eu não dormisse,
viveria pra sempre?

Em casa, o ritual
janta-tom-e-jerry-escova-os-dentes-vai-pra cama.
Seria o último?

Já na cama,
o início de uma noite longa.
Esperando por ela,
a Morte.

Como será que ela vem?
Tem ônibus na rua a essa hora?
Ela pegaria um táxi?
Que carro a Morte tem?
Como ela vai fazer pra entrar no prédio?
Ela tem a chave?
Vai tocar a campainha?

Cada barulhinho que eu ouvia
poderia ser ela subindo a escada.
Foi uma noite de uma semana.

Depois de algumas horas
no surdo-mudo do suor frio
do meu coração acelerado
pela ansiedade da espera
e de tantas perguntas que eu tinha
pra fazer pra Morte, dormi.

Ela não veio.
Se veio, me deixou dormindo.
Acordei viva.

Com um restinho do gosto
da cola meio-amarela-meio-seca-meio-transparente
no fundinho da garganta.
E pra minha surpresa,
minha boca não tinha colado.

Voltei pra escola no outro dia.
Um pouco mais sábia.
Mais vivida, menos morrida.
Ia tentar nunca mais sentir medo.
É o medo que a gente sente
que mata um pouco a gente
antes da Morte vir.

O dia em que eu achei que ia morrer #2

A irmã mais velha tinha a Síndrome de Irmã Mais Velha,
ou seja, de mandar na brincadeira.
Naquela tarde, era hospital.
E eu era a doente que obedecia,
óbvio.

A Vó chegou com o chá.
No criado-mudo, umas moedas
faziam a vez dos remédios.

A Irmã enche a mão com elas
e joga no meu caneco.

— Bebe. Remédio.
— Não vou beber. Tem moeda.
— Bebe. A Mãe mandou você me obedecer.

Fingi que bebia, pra despistar a Irmã.
Mas ela não se convenceu e forçou
o copo pra cima.

Me engasguei.
E aí aconteceu:
na ânsia de respirar,
engoli duas moedas de vinte centavos.

Bateu o desespero geral.
A Vó não sabia usar o telefone.
Sorte é que a Mãe já estava voltando do serviço.

Leva pro hospital.
Uma semana de vai e volta para o raio-x
e purê de batata todo dia
pra ajudar a sair e pra moeda não virar e entupir.

No PS eu tinha até apelido. Cofrinho.

Moeda pra esquerda, moeda pra direita
e elas foram seguindo o curso da natureza.
Uma, a Mãe achou na inspeção do trono.
Da outra, nem sinal.

BRASIL
20
CENTAVOS
1979
6 7 8 9 10

O peixe morre pela boca

A Irmã chegou com um aquário.
Nele um peixe vermelho.
Um beta.
A gente já tinha tido gato e cachorro.
O Pai já tinha tido vaca, papagaio
e galinha quando pequeno.
A Mãe teve até coelho.
Mas peixe,
aquele era o primeiro nas nossas vidas.

Me chamou.

— Ele respira na superfície.
Olha só.
Come carne também.

Antes
Depois

E jogou na água uma bolotinha de carne moída
que ele comeu de uma vez só.

Chamou a Mãe.

— Ele respira na superfície.
Olha só.
Come carne também.

E jogou na água uma bolotinha de carne moída
que ele comeu de uma vez só.

Chamou a Vó.

— Ele respira na superfície.
Olha só.
Come carne também.

E jogou na água uma bolotinha de carne moída
que ele comeu de uma vez só.

O Pai chegou do trabalho.

— Ele respira na superfície.
Olha só.
Come carne também.

E jogou na água uma bolotinha de carne moída
mas ele não se mexeu.

Não conseguiu.

Já devia estar satisfeito com metade
da primeira bolota de carne,
mas não recusou nenhuma das que se seguiram.

Se olhasse o bicho de cima
dava pra ver o estômago triplicado.

De vermelho o coitado passou a branco.
Pálido.
O sangue todo fazendo a digestão.

Não dava conta do próprio peso.
Fazia força pra subir pra respirar,
mas não ia nem até a metade.
Afundava.

— Será que a gente bota um Sonrisal pra ajudar?

Decidimos baixar o nível da água
o suficiente pra ele conseguir respirar.

Ele sobreviveu.
E depois disso a gente deu só ração.
De floquinhos.
Um pouquinho só.
Uma vez por dia.

AMÉRICA

Meu Avô e um engano importante

Meu Avô chegou ao Brasil por engano.
Queria ir pros Estados Unidos.

Embarcou num avião que estava
saindo pra “América”.

Mas ele não perguntou pra qual.

Sabedoria de bar #1 Manual de enologia baseado em vivência pessoal

Vermelho, aguado, saguzinho. Vermelho, xaropinho. Vermelho, delícia, macio e saboroso. Vermelho, perfumadinho de fruta, levinho. Vermelho, macio encorpado, perfuminho. Vermelho, agarrei amor. Branco, vinagre pra lavar o pé, pare no primeiro gole. Vermelho, um fundo de terrinha. Vermelho, bolinho com fundo de chocolate. Vermelho, leve no líquido mas fica o sabor no fundinho do nariz. Branco, perfuminho, delicinha. Branco, perfuminho de tia amiga da avó, mas bom. Uma mulher adulta precisa saber apreciar vinhos.

Sabedoria de bar #2
A azeitona

Qual a hora certa de comer a azeitona do Dry Martini?
Não importa se antes, no meio ou no fim.
Importa ter atitude.
Agir como se você soubesse
que aquela é a hora
certa agrega muitos pontos.

Mas cuidado.

É aconselhável moderação ao se entregar
na mordida da iguaria.

No bar, como na vida,
nem sempre a azeitona vem sem caroço.

Nunca te vi mas já curti

Like.
Like.
Add.

A gente vai no mesmo bar
do outro lado do mundo,
mas com seis meses de diferença.
A gente vai no mesmo show,
mas em cidades diferentes.

Se um dia a gente se cruzar,
capaz da gente nem se (re)conhecer.

Diários de NY #1

No metrô voltando da aula, essa moça lê *Mercy,* de Jodi Picoult. Não sei do que se trata, mas ela já futucou a cara toda, chorou, roeu as unhas e cuspiu os pedaços em volta... Tem um unhão do dedão da mão esquerda ao lado do pé da moça que come amêndoas. Eu vi quando ele foi parar ali. Ele se confundiria com a textura do piso se não fosse o seu formato de lua crescente. Mas a moça que lê o livro não se importa. Ela gosta do cheiro e da brisa que o livro faz. A cada página que ela termina ela fecha os olhos e o livro. Bota o nariz pra frente e folheia as letras que ficaram pra trás e as que estão por vir. Como se o cheiro aguçasse alguma coisa. Alguma página grifada entre uma brisa e outra vai ficar pra sempre com ela. Ainda no mesmo trem, o cara do meu lado usa shorts e toma

sorvete. Vale lembrar que chove. Faz frio. É quase dezembro. Ele tem uma mosca esmagada/afogada atrás dos pelos da panturrilha esquerda. Não sei se ele sabe disso, mas daqui eu consigo ver. Também não sou eu que vou avisar. Ele olha com horror a moça do livro. Agora as unhas roídas que sobraram na mão arranham o seu pescoço (o da moça do livro, não o dele). No osso do maxilar perto do seu queixo já abriu uma ferida e tem um pouco de sangue. O indicador roído e embebido de vermelho é levado à boca pra completar a experiência sensorial. Dor, cheiro, memória, gosto, barulho. É quase erótico, não fosse a bizarrice toda e sua total ausência de sexualidade. Não sei se o livro é bom ou ruim. Mas acho que ela já perdeu a estação onde deveria descer.

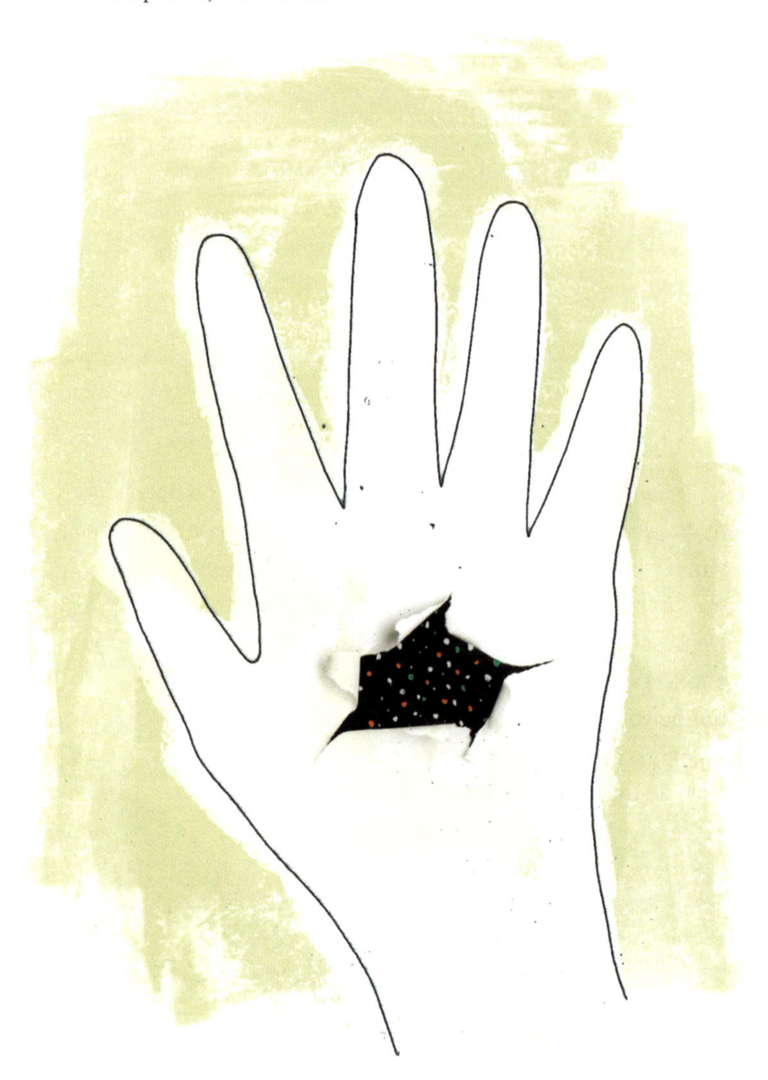

Diários de NY #2

E eu tive uma urgência de sair de casa agora à noite.
Às vezes as pessoas me sufocam. Às vezes o apartamento vazio tem o mesmo efeito. O apartamento é entulhado, mas vazio. A cidade é cheia de pessoas sozinhas.
De pessoas entulhadas feito prateleiras. De pessoas cheias de vazios. Adestrar os vazios é papel da rotina.
Fagocitose de vazios. Vagocitose: a arte de digerir o próprio vazio ao caminhar. Vagicitose: erro de digitação mas parece *an itchy infection**.

** an itchy infection: coceira infernal naquelas partes*

Diários de NY #3

Tô com saudade de contato humano, do abraço
longo dos amigos. Dessa troca física entre brasileiros.
Nunca achei que ia bater tanta falta. Tenho
um constante olhar de fome. Já já o moço ali
da frente vai me oferecer um pedaço do sanduíche
ou um trocado pra comprar sopa.
Tô na estação de metrô.
Já deixei passar três.
Tô esperando um vagão bem cheio.
Pra ver se a saudade passa...

Diários de NY #4

O metrô não vem. Já passou da meia-noite.
O metrô nunca vem. Passei por uma bandinha
na entrada. Até que tocam bem. Não posso gastar
mais nem um centavo. Um bêbado dança uma
música só dele. Um casal dorme encostado
um no outro. O olho se perde contando
camundongos no trilho. O metrô nunca vem.
A banda parou tem uns quinze minutos.
O metrô nunca vem,
mas o bêbado continua.

ROSE
+
BRIE

Diários de NY #5

Aqui tem uma escola de burlesco, quase uma faculdade, coisa fina. Quatro tardes de sábado no inverno. São umas doze pessoas na sala. Primeira aula: escolher seu nome artístico (uma flor + um nome de queijo). Segunda aula: andar no salto (reprovei). Terceira aula: tirar as luvas com o salto do sapato e a meia sem dobrar o joelho. Quarta aula: girar franjinhas de mamilo. O mais legal é fazer isso numa sala com mais onze pares de tetas histéricas. Nunca chacoalhei tanto os meus peitos. Eles desafiaram a gravidade de um jeito nunca antes experimentado. Doeu um pouco. Mas é o preço da liberdade. Só não me senti mais sexy por causa da ressaca.

Diários de NY #6

Visita guiada. A Grand Central Station, me contou Elisa,
foi toda planejada a partir das proporções humanas.

Por ser orgânica, faz com que a pessoa que está
lá dentro se sinta acolhida e confortável,
pois todas as medidas lhe são familiares.

Isso também evita que as pessoas se trombem
com facilidade no meio de uma multidão.

O guia sai correndo feito um louco
sem destino e não esbarra em ninguém.

Não sei quem arquitetou a nossa história.
Da gente ser assim tão familiar,
feito um na medida do outro,
e ainda não ter se esbarrado.

Kalko

Esta publicação foi composta com
as tipografias Chronicle Text para textos
e Gotham para títulos. Com tiragem de
1500 exemplares, a coletânea foi impressa
em offset sobre papel Alta Alvura $120g/m^2$
(miolo) e Triplex Premium $250g/m^2$
(capa e luva), durante a primavera de 2014
pela Stilgraf, em São Paulo.